Impressum
Verlag: BABADADA GmbH, Nedderfeld 112 , 22529 Hamburg
Geschäftsführer / Verlagsleitung: Harald Hof
Druck: Books on Demand GmbH, In de Tarpen 42, 22848 Norderstedt

Imprint
Publisher: BABADADA GmbH, Nedderfeld 112 , 22529 Hamburg, Germany
Managing Director / Publishing direction: Harald Hof
Print: Books on Demand GmbH, In de Tarpen 42, 22848 Norderstedt

école

skole

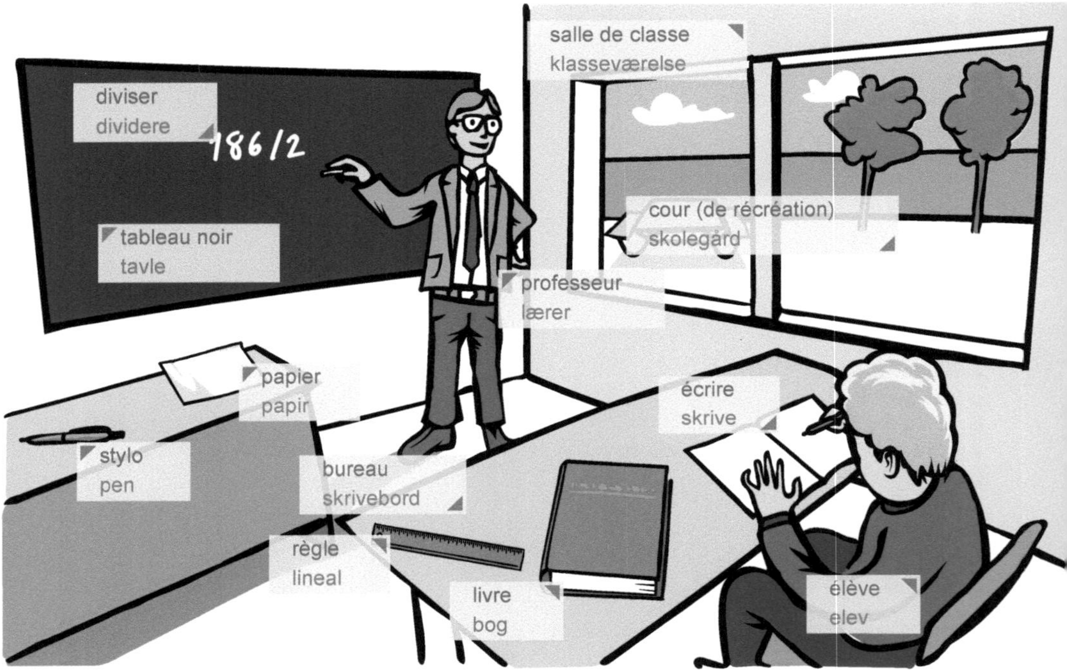

salle de classe
klasseværelse
diviser
dividere
186/2
tableau noir
tavle
cour (de récréation)
skolegård
professeur
lærer
papier
papir
écrire
skrive
stylo
pen
bureau
skrivebord
règle
lineal
livre
bog
élève
elev

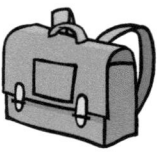

cartable
skoletaske

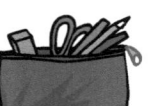

trousse
penalhus

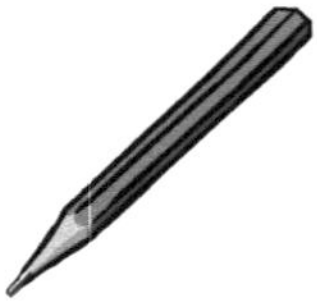

crayon
blyant

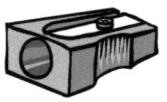

taille-crayon
blyantspidser

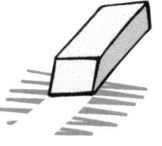

gomme
viskelæder

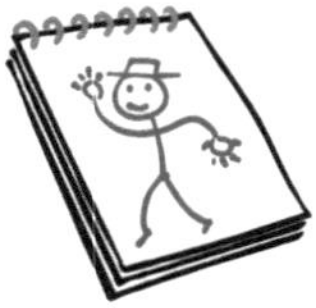

carnet à dessin
tegneblok

dessin

tegning

pinceau

pensel

boîte de peinture

æske med vandfarver

ciseaux

saks

colle

lim

cahier d'exercices

opgavehefte

devoirs

lektie

chiffre

tal

additionner

addere

soustraire

subtrahere

multiplier

multiplicere

calculer

regne

lettre

bogstav

alphabet

alfabet

mot

ord

texte

tekst

lire

læse

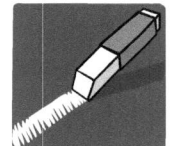

craie

kridt

leçon

time

livre de classe

klasseprotokol

examen

eksamen

certificat

karakterbog

uniforme scolaire

skoleuniform

formation

uddannelse

lexique

leksikon

université

universitet

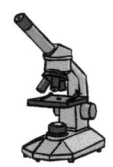

microscope

mikroskop

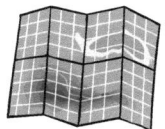

carte

kort

corbeille à papier

papirkurv

hôtel
hotel

Grand

auberge
herberg

ROOMS

bureau de change
vekselkontor

ÉCHANGE

valise
kuffert

voiture
bil

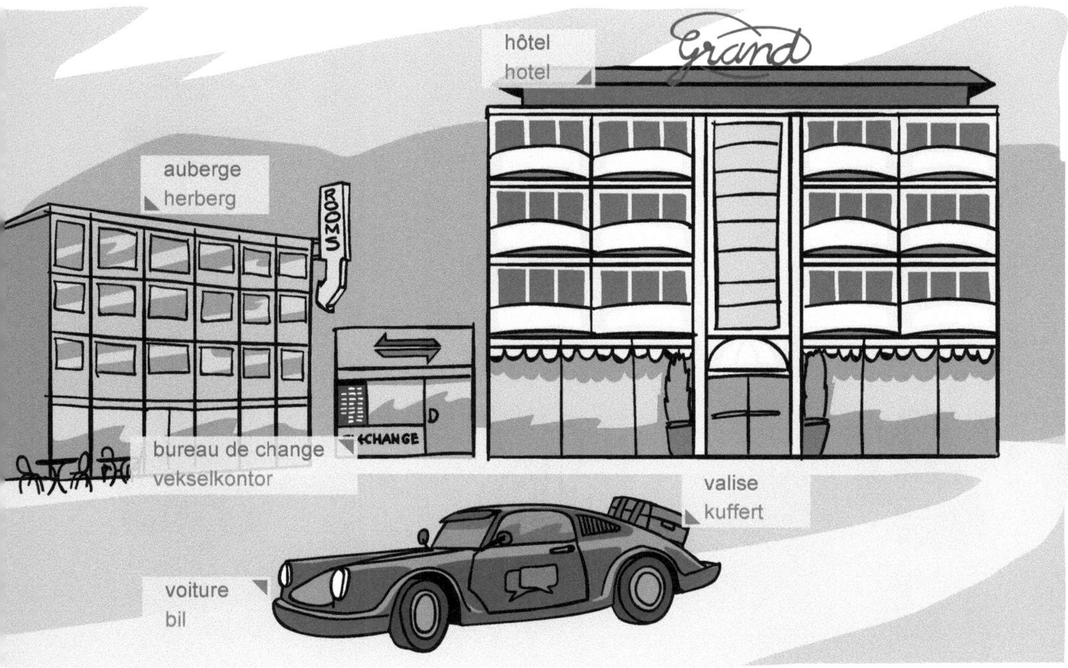

langue
sprog

oui / non
ja / nej

d'accord
okay

Salut
hej

interprète
oversætter

merci
tak

Combien coûte...?

hvad koster...?

Je ne comprends pas

Jeg forstår ikke

problème

problem

Bonsoir !

God aften!

Bonjour !

God morgen!

Bonne nuit !

God nat!

Au revoir

farvel

direction

retning

bagages

bagage

sac

taske

sac-à-dos

rygsæk

hôte

gæst

pièce

værelse

sac de couchage

sovepose

tente

telt

office de tourisme

turistinformation

plage

strand

carte de crédit

kreditkort

petit-déjeuner

morgenmad

déjeuner

middagsmad

dîner

aftensmad

billet

billet

ascenseur

elevator

timbre

frimærke

frontière

grænse

douane

told

ambassade

ambassade

visa

visum

passeport

pas

transport
transport

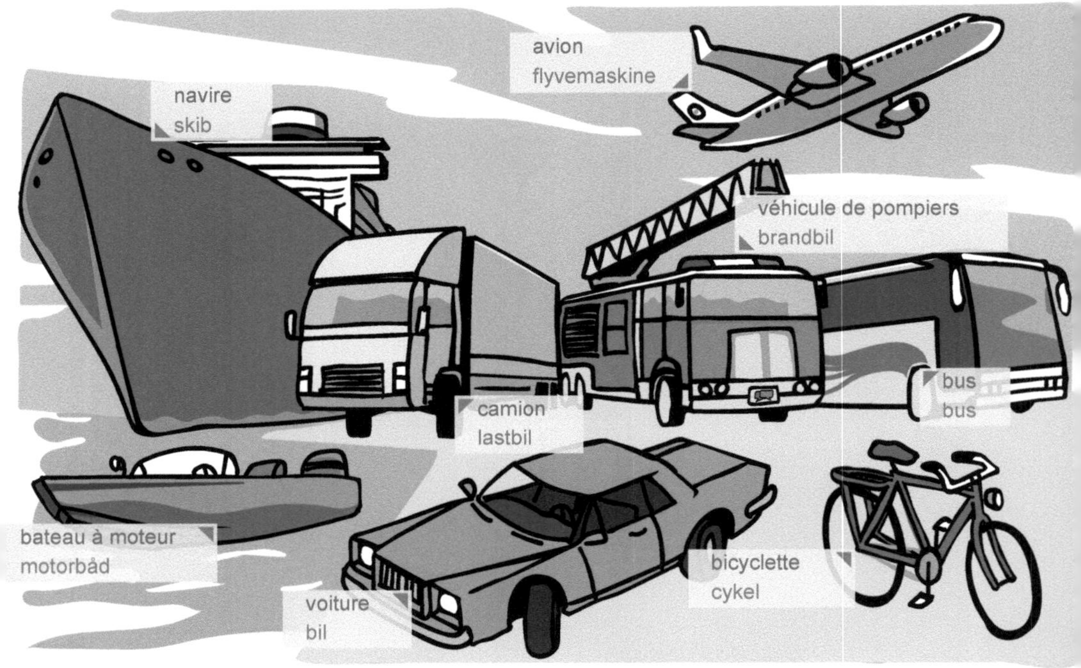
avion
flyvemaskine
navire
skib
véhicule de pompiers
brandbil
bus
bus
camion
lastbil
bateau à moteur
motorbåd
bicyclette
cykel
voiture
bil

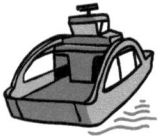

ferry
færge

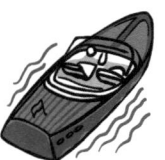

barque
båd

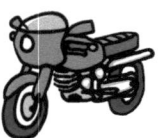

moto
motorcykel

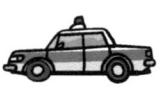

voiture de police
politibil

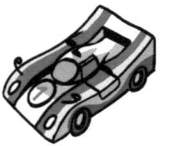

voiture de course
racerbil

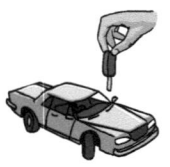

voiture de location
lejebil

auto-partage

samkørsel

voiture de remorquage

kranbil

benne à ordures

skraldebil

moteur

motor

essence

benzin

station d'essence

tankstation

panneau indicateur

trafikskilt

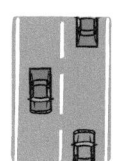

trafic

trafik

embouteillage

trafikprop

parking

parkeringsplads

gare

banegård

rails

skinner

train

tog

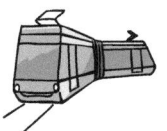

tramway

sporvogn

wagon

wagon

hélicoptère
helikopter

aéroport
lufthavn

tour
tårn

passager
passager

conteneur
container

carton
karton

chariot
kærre

corbeille
kurv

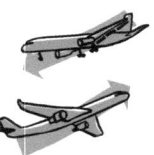

décoller / atterrir
starte / lande

ville

by

village
landsby

centre-ville
bymidte

maison
hus

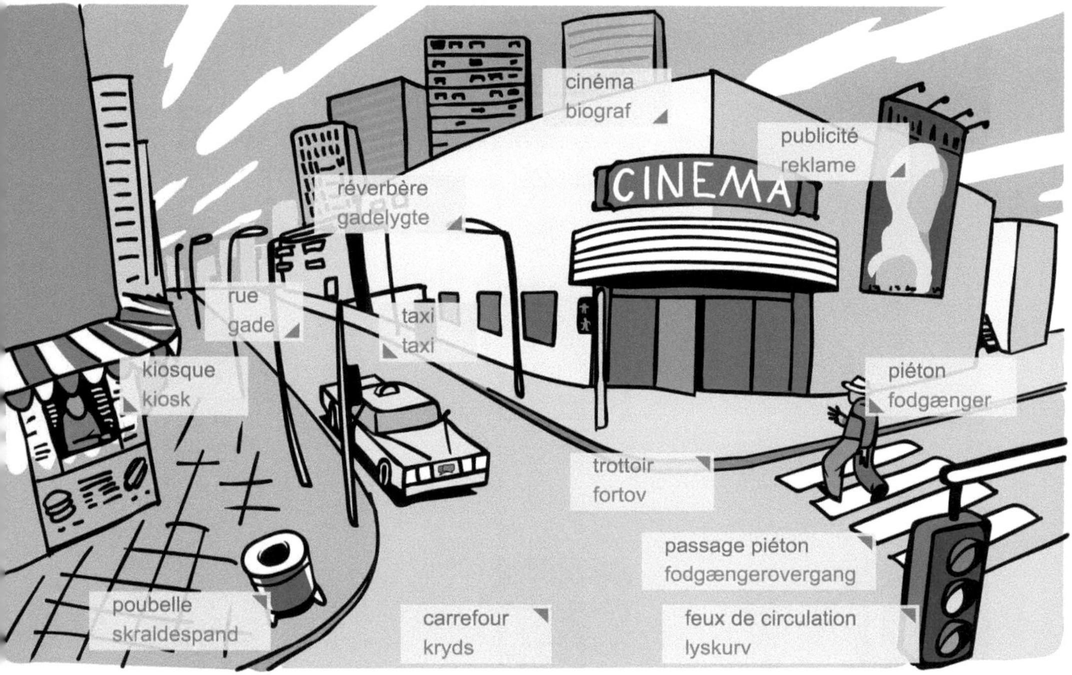

cinéma / biograf

publicité / reklame

réverbère / gadelygte

CINEMA

rue / gade

taxi / taxi

kiosque / kiosk

piéton / fodgænger

trottoir / fortov

passage piéton / fodgængerovergang

poubelle / skraldespand

carrefour / kryds

feux de circulation / lyskurv

cabane

hytte

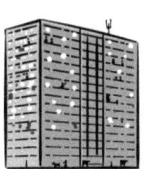

appartement

lejlighed

gare

banegård

mairie

rådhus

musée

museum

école

skole

université
universitet

banque
bank

hôpital
sygehus

hôtel
hotel

pharmacie
apotek

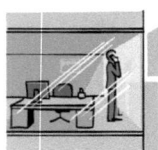

bureau
kontor

librairie
boghandel

magasin
butik

fleuriste
blomsterbutik

supermarché
supermarked

marché
marked

grand magasin
stormagasin

poissonnerie
fiskehandler

centre commercial
butikscenter

port
havn

parc

park

banque

bænk

pont

bro

escaliers

trappe

métro

undergrundsbane

tunnel

tunnel

arrêt de bus

busstoppested

bar

barnevogn

restaurant

restaurant

boîte à lettres

postkasse

panneau indicateur

vejskilt

parcmètre

parkometer

zoo

zoo

piscine

badeanstalt

mosquée

moske

ferme	pollution	cimetière
bondegård	miljøforurening	kirkegård

église	aire de jeux	temple
kirke	legeplads	tempel

paysage
landskab

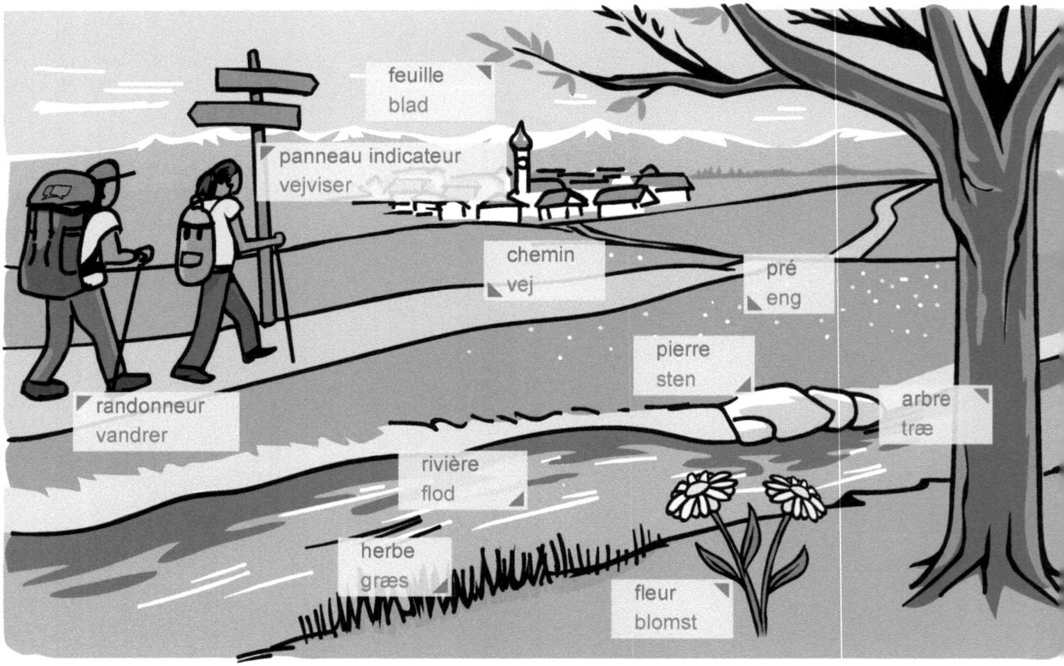

feuille
blad

panneau indicateur
vejviser

chemin
vej

pré
eng

pierre
sten

arbre
træ

randonneur
vandrer

rivière
flod

herbe
græs

fleur
blomst

vallée
dal

montagne
bjerg

lac
sø

forêt
skov

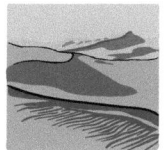

désert
ørken

volcan
vulkan

château
slot

arc-en-ciel
regnbue

champignon
svamp

palmier
palme

moustique
moskito

mouche
flue

fourmis
myre

abeille
bi

araignée
edderkop

coléoptère
bille

grenouille
frø

écureuil
egern

hérisson
pindsvin

lièvre
hare

chouette
ugle

oiseau
fugl

cygne
svane

sanglier
vildsvin

cerf
hjort

élan
elg

barrage
dæmning

éolienne
vindmølle

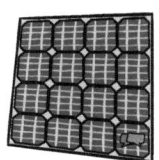

panneau solaire
solcellemodul

climat
klima

serveur
tjener

menu
spisekort

chaise
stol

soupe
suppe

pizza
pizza

couverts
bestik

nappe
borddug

hors d'œuvre
forret

plat principal
hovedret

dessert
dessert

boissons
drikkevarer

alimentation
mad

bouteille
flaske

fast-food
fastfood

plats à emporter
streetfood

théière
tekande

sucrier
sukkerdåse

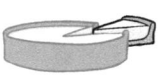

portion
portion

machine à expresso
espressomaskine

chaise haute
barnestol

facture
faktura

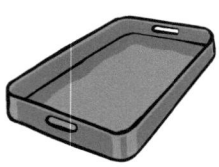

plateau
tablet

couteau
kniv

fourchette
gaffel

cuillère
ske

cuillère à thé
teske

serviette
serviet

verre
glas

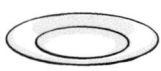

assiette

tallerken

assiette à soupe

dyb tallerken

soucoupe

underkop

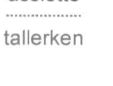

sauce

sovs

salière

saltbøsse

moulin à poivre

peberkværn

vinaigre

eddike

huile

olie

épices

krydderier

ketchup

ketchup

moutarde

sennep

mayonnaise

mayonnaise

supermarché
supermarked

offre promotionnelle
tilbud
FOR
client
kunde
produits laitiers
mælkeprodukter
fruits
frugt
chariot
indkøbsvogn

BUTCHERS

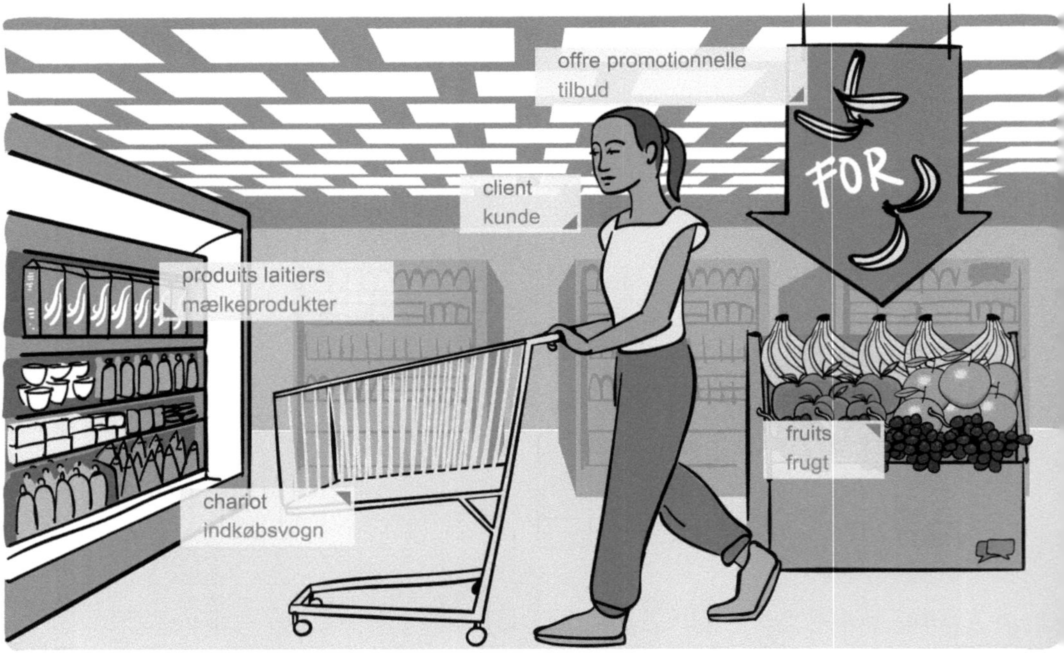

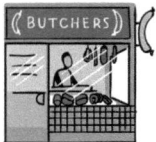

boucherie

slagter

BAKERY

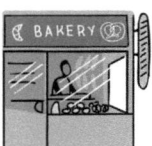

boulangerie

bageri

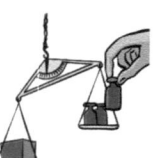

peser

veje

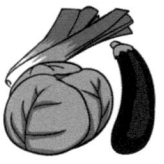

légumes

grøntsager

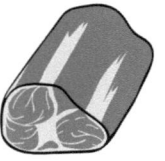

viande

kød

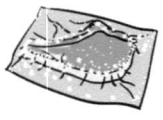

aliments surgelés

frostvarer

charcuterie

pålæg

conserves

konserves

poudre à lessive

vaskemiddel

bonbons

slik

articles ménagers

husholdningsvarer

détergents

rengøringsmidler

vendeuse

ekspedient

caisse

kasse

caissier

kasserer

liste d'achats

indkøbsliste

heures d'ouverture

åbningstider

portefeuille

tegnebog

carte de crédit

kreditkort

sac

taske

sac en plastique

plasticpose

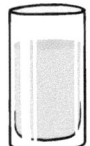

eau

vand

jus de fruit

saft

lait

mælk

coca

cola

vin

vin

bière

øl

alcool

alkohol

chocolat chaud

kakao

thé

te

café

kaffe

expresso

espresso

cappuccino

cappuccino

banane

banan

pomme

æble

orange

appelsin

melon

melon

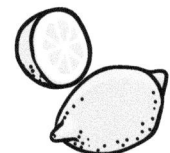

citron

citron

carotte

gulerod

ail

hvidløg

bambou

bambus

oignon

løg

champignon

svamp

noisettes

nødder

pâtes

nudler

spaghetti

spaghetti

riz

ris

salade

salat

pommes frites

pomfritter

pommes de terre rôties

stegte kartofler

pizza

pizza

hamburger

hamburger

sandwich

sandwich

escalope

schnitzel

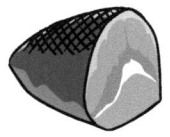

jambon

skinke

salami

salami

saucisse

pølse

poulet

kylling

rôti

steg

poisson

fisk

flocons d'avoine

havregryn

muesli

mysli

cornflakes

cornflakes

farine

mel

croissant

croissant

petits-pains

rundstykke

pain

brød

pain grillé

toast

biscuits

kiks

beurre

smør

le fromage blanc

kvark

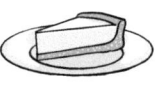

gâteau

kage

œuf

æg

œuf au plat

spejlæg

fromage

ost

glace

is

sucre

sukker

miel

honning

confiture

marmelade

crème nougat

nougat-creme

curry

karry

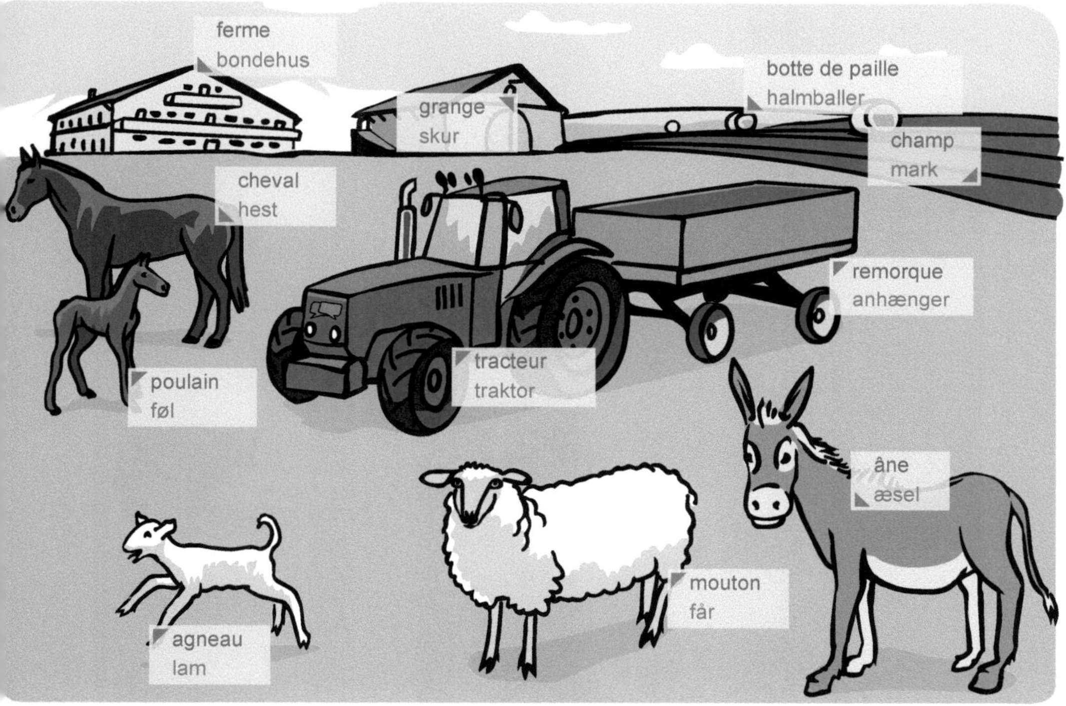

ferme
bondehus

grange
skur

botte de paille
halmballer

champ
mark

cheval
hest

remorque
anhænger

poulain
føl

tracteur
traktor

âne
æsel

agneau
lam

mouton
får

chèvre

ged

vache

ko

veau

kalv

porc

svin

porcelet

gris

taureau

tyr

oie

gås

canard

and

poussin

kylling

poule

høne

coq

hane

rat

rotte

chat

kat

souris

mus

bœuf

okse

chien

hund

chenil

hundehus

tuyau de jardin

haveslange

arrosoir

vandkande

faucheuse

le

charrue

plov

faucille
segl

pioche
hakkejern

fourche
møggreb

hache
økse

brouette
trillebør

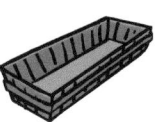

cuve
trug

pot à lait
mælkekande

sac
sæk

clôture
hæk

étable
stald

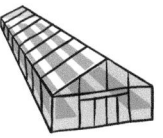

serre
drivhus

sol
jord

semences
frø

engrais
gødning

moissonneuse-batteuse
mejetærsker

récolter

høste

récolte

høst

igname

yams

blé

hvede

soja

soja

pomme de terre

kartoffel

maïs

majs

colza

raps

arbre fruitier

frugttræ

manioc

maniok

céréales

korn

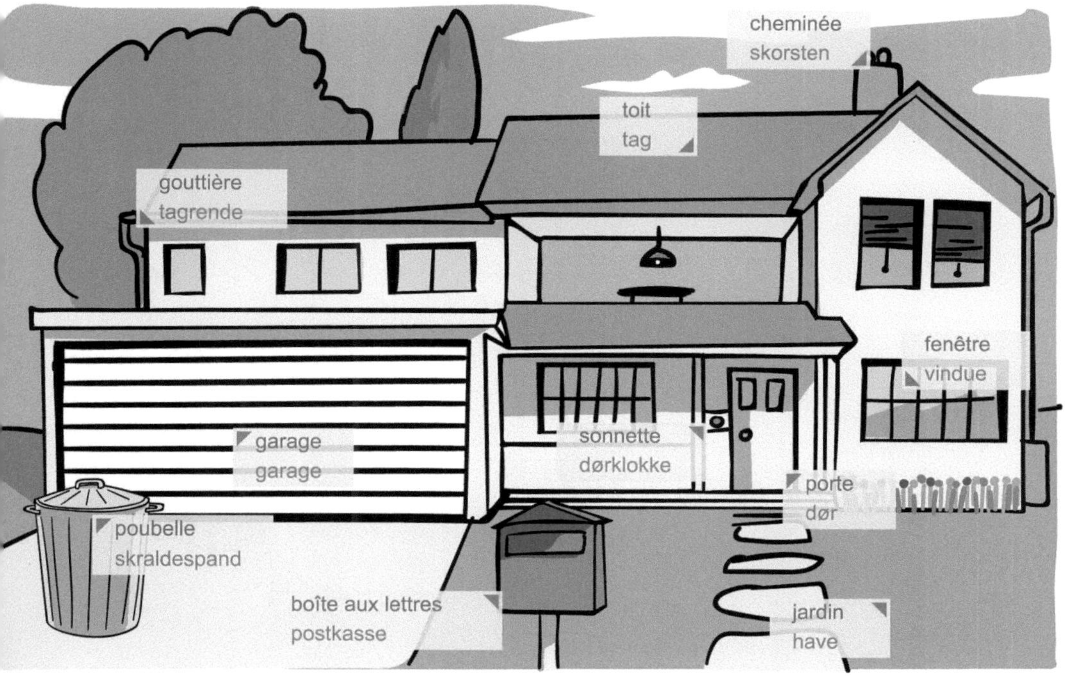

cheminée
skorsten

toit
tag

gouttière
tagrende

fenêtre
vindue

garage
garage

sonnette
dørklokke

porte
dør

poubelle
skraldespand

boîte aux lettres
postkasse

jardin
have

salon
stue

salle de bain
badeværelse

cuisine
køkken

chambre à coucher
soveværelse

chambre d'enfant
børneværelse

salle à manger
spisestue

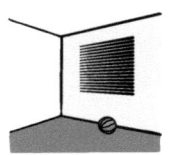

sol

gulv

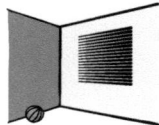

mur

væg

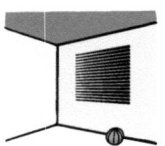

plafond

loft

cave

kælder

sauna

sauna

balcon

altan

terrasse

terrasse

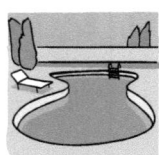

piscine

svømmehal

tondeuse à gazon

plæneklipper

housse

dynebetræk

couette

dyne

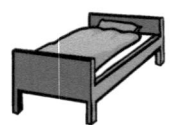

lit

seng

balai

kost

sceau

spand

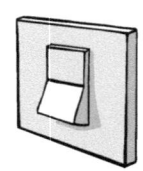

interrupteur

kontakt

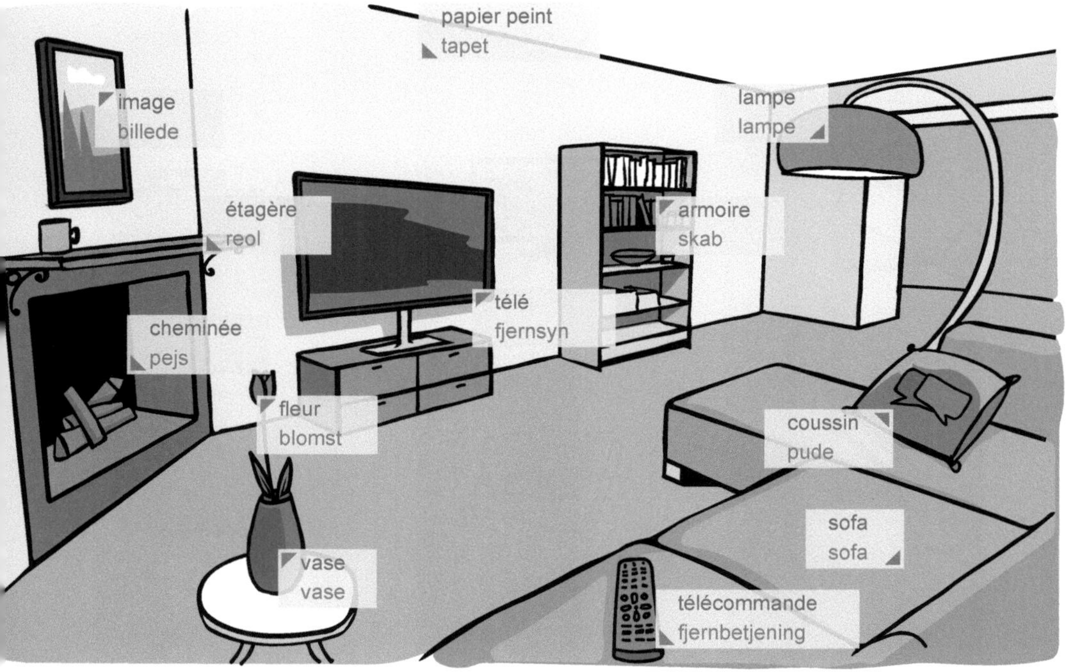

papier peint
tapet

image
billede

lampe
lampe

étagère
reol

armoire
skab

cheminée
pejs

télé
fjernsyn

fleur
blomst

coussin
pude

sofa
sofa

vase
vase

télécommande
fjernbetjening

tapis
gulvtæppe

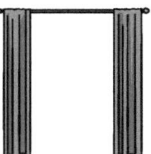

rideau
gardin

table
bord

chaise
stol

chaise à bascule
gyngestol

fauteuil
lænestol

livre

bog

couverture

tæppe

décoration

dekoration

bois de chauffage

brænde

film

film

chaîne hi-fi

stereoanlæg

clé

nøgle

journal

avis

peinture

maleri

poster

plakat

radio

radio

bloc-notes

notesblok

aspirateur

støvsuger

cactus

kaktus

bougie

lys

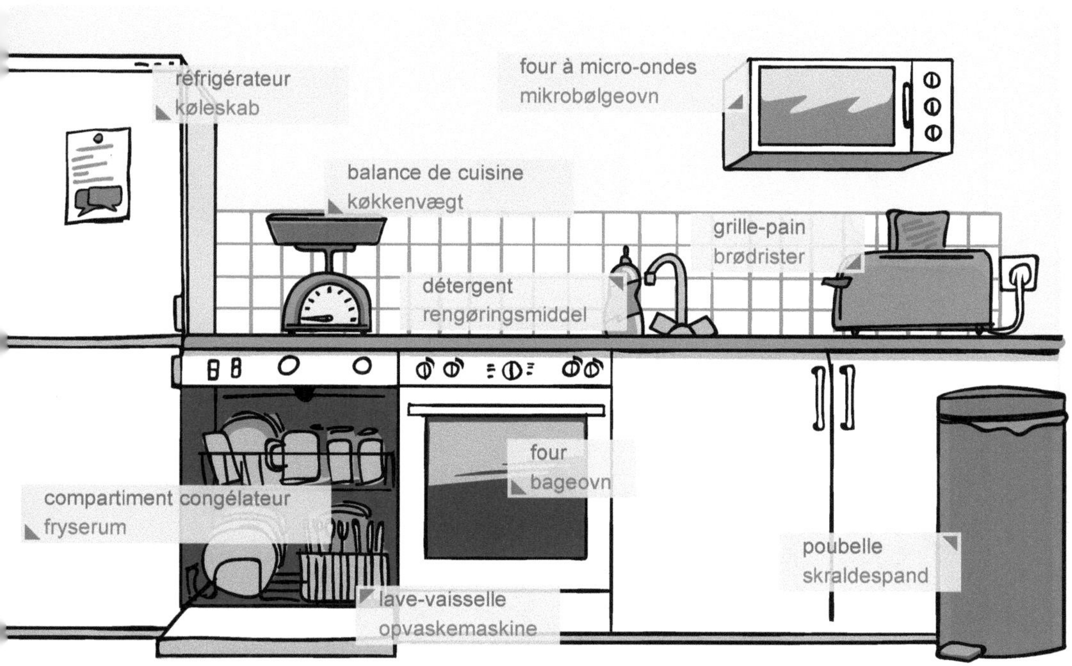

réfrigérateur
køleskab

four à micro-ondes
mikrobølgeovn

balance de cuisine
køkkenvægt

grille-pain
brødrister

détergent
rengøringsmiddel

four
bageovn

compartiment congélateur
fryserum

poubelle
skraldespand

lave-vaisselle
opvaskemaskine

four
komfur

casserole
gryde

marmite
jerngryde

wok / kadai
wok / kadai

poêle
pande

bouilloire electrique
elkedel

cuiseur vapeur

dampkoger

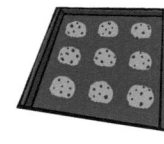

plaque de cuisson

bageplade

vaisselle

service

gobelet

bæger

coupe

skål

baguettes

spisepinde

louche

øseske

spatule

paletkniv

fouet

piskeris

passoire

dørslag

tamis

si

râpe

rive

mortier

morter

barbecue

grille

cheminée

ildsted

planche à découper

skærebræt

rouleau à pâtisserie

kagerulle

tire-bouchon

proptrækker

boîte

dåse

ouvre-boîte

dåseåbner

maniques

grydelap

lavabo

køkkenvask

brosse

børste

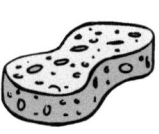

éponge

svamp

mixeur

blender

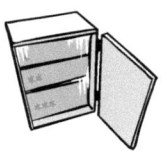

congélateur

dybfryser

biberon

sutteflaske

robinet

vandhane

salle de bain
badeværelse

douche
brusebad
chauffage
radiator
serviette
håndklæde
rideau de douche
bruserforhæng
bain moussant
skumbad
baignoire
badekar
verre
glas
machine à laver
vaskemaskine
robinet
vandhane
carrelage
fliser
pot
tissepotte
lavabo
køkkenvask

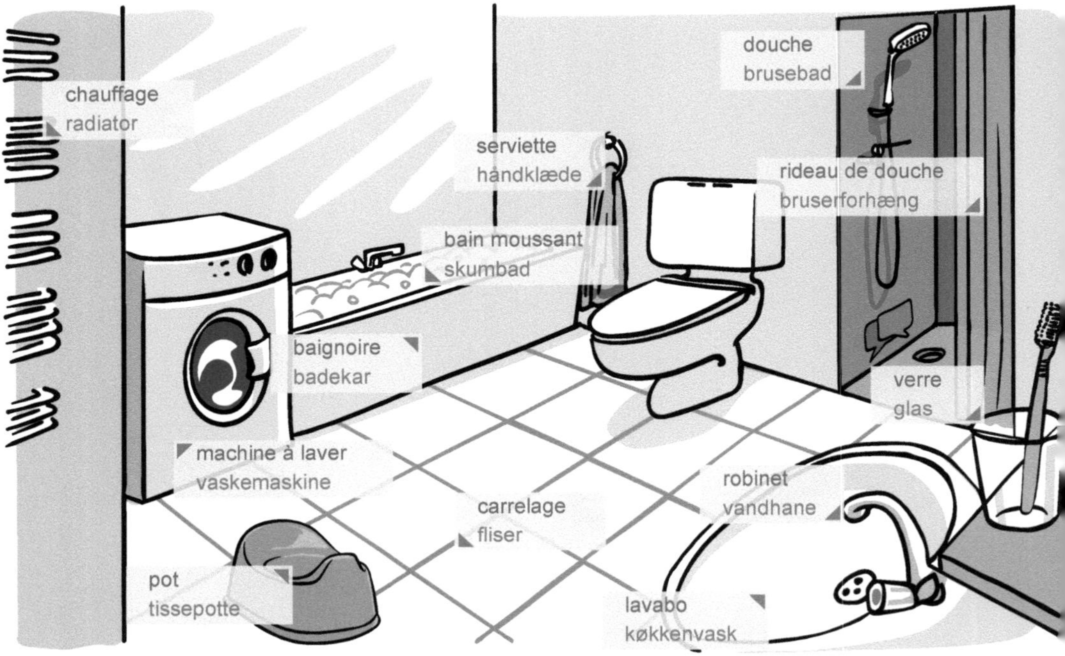

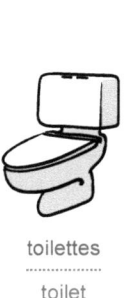

toilettes

toilet

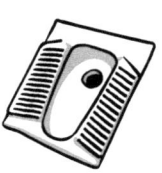

toilette à la turque

hugsiddende toilet

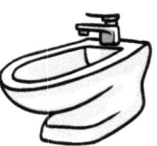

bidet

bidet

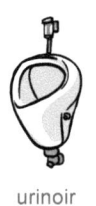

urinoir

pissoir

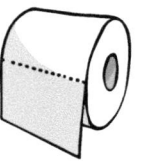

papier toilette

toiletpapir

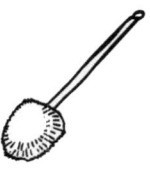

brosse à toilette

toiletbørste

brosse à dents

tandbørste

dentifrice

tandpasta

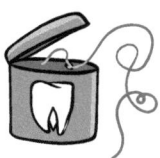

fil dentaire

tandtråd

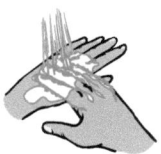

laver

vaske

douche manuelle

håndbruser

douche intime

intimbruser

vasque

vaskefad

brosse dorsale

badebørste

savon

sæbe

gel douche

brusegele

shampooing

shampoo

gant de toilette

vaskeklud

écoulement

afløb

crème

creme

déodorant

deodorant

miroir
spejl

miroir cosmétique
kosmetikspejl

rasoir
barberhøvl

mousse à raser
barberskum

après-rasage
barbervand

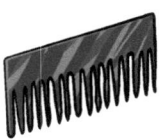

peigne
kam

brosse
børste

sèche-cheveux
hårtørrer

laque pour cheveux
hårspray

fond de teint
makeup

rouge à lèvres
læbestift

vernis à ongles
neglelak

ouate
vat

coupe-ongles
neglesaks

parfum
parfume

trousse de toilette

toilettaske

tabouret

skammel

pèse-personne

vægt

peignoir

badekåbe

gants de nettoyage

gummihandsker

tampon

tampon

serviettes hygiéniques

damebind

toilette chimique

kemisk toilet

chambre d'enfant
børneværelse

réveil
vækkeur
doudou
bamse
voiture jouet
legetøjsbil
hochet
skralde
maison de poupée
dukkehus
cadeau
gave

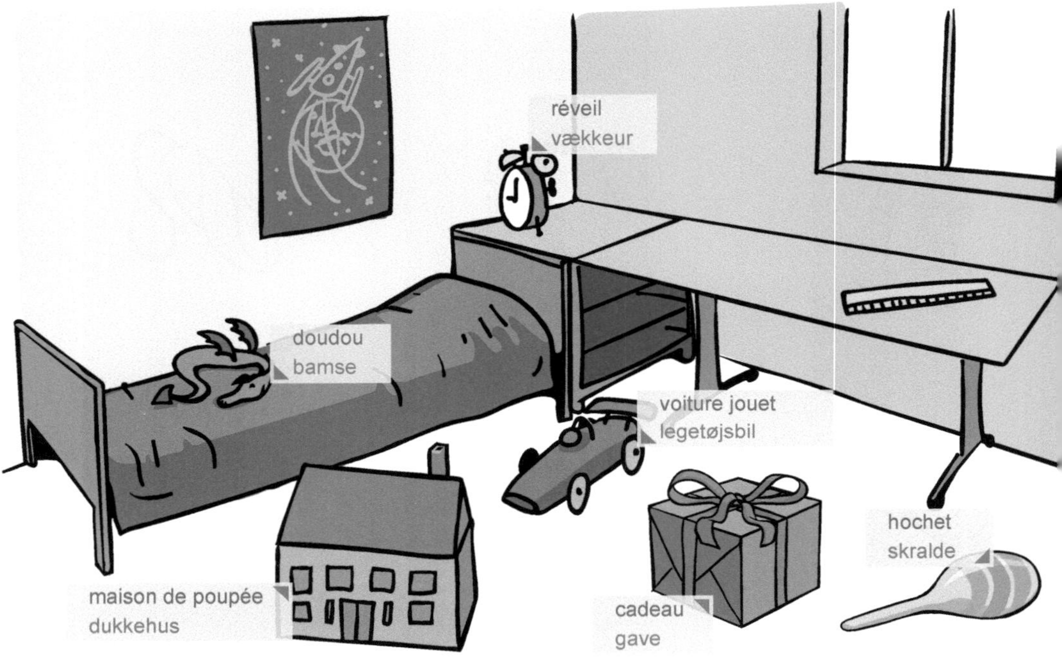

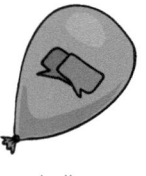

ballon

ballon

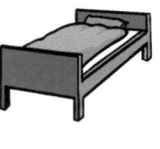

lit

seng

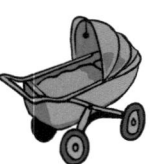

poussette

barnevogn

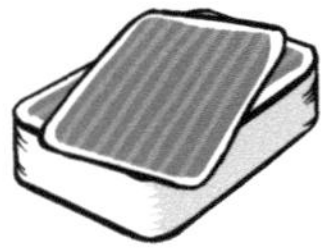

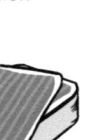

jeu de cartes

kortspil

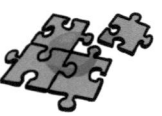

puzzle

puslespil

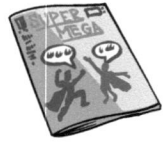

bande dessinée

tegneserie

pièces lego
legoklodser

blocs de construction
byggeklodser

figurine
action figur

grenouillère
sparkedragt

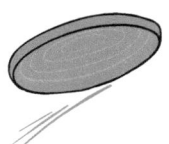

frisbee
frisbee

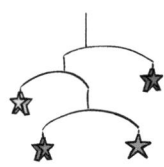

mobile
uro

jeu de société
brætspil

dé
terning

train miniature
modeljernbane

sucette
sut

fête
fest

livre d'images
billedbog

balle
bold

poupée
dukke

jouer
lege

bac à sable

sandkasse

balançoire

gynge

jouets

legetøj

console de jeu

spillekonsol

tricycle

trehjulet cykel

ours en peluche

bamse

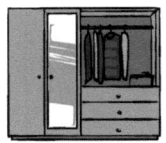

armoire

klædeskab

vêtements

tøj

chaussettes

sokker

bas

strømper

collant

strømpebukser

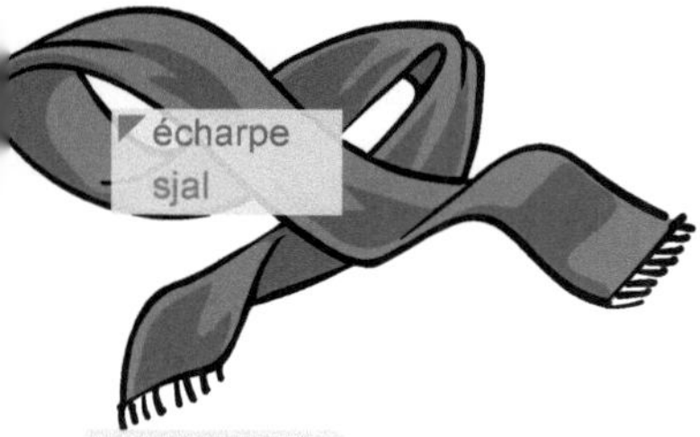

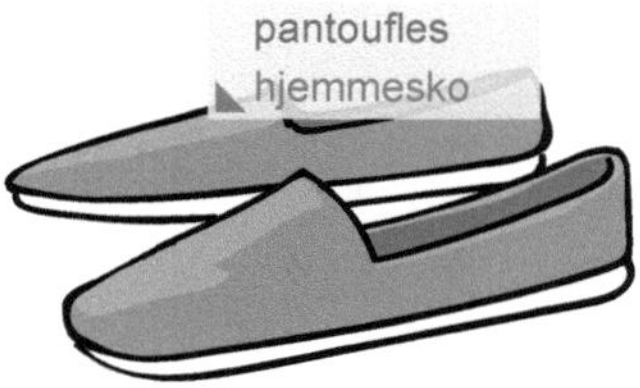

écharpe
sjal

ceinture
bælte

parapluie
paraply

t-shirt
T-shirt

baskets
sneakers

bottes
støvler

pantoufles
hjemmesko

sandales
sandaler

chaussures
sko

bottes de caoutchouc
gummistøvler

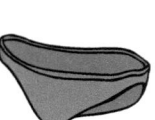
sous-vêtements
underbukser

soutien-gorge
BH

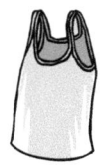
maillot de corps
undertrøje

body
body

pantalon
bukser

jean
jeans

jupe
nederdel

chemisier
bluse

chemise
skjorte

pull
pullover

sweat à capuche
sweatshirt

veste
blazer

veste
jakke

manteau
frakke

imperméable
regnfrakke

costume
kostume

robe
kjole

robe de mariée
brudekjole

costume

jakkesæt

chemise de nuit

nattrøje

pyjama

pyjamas

sari

sari

foulard

hovedtørklæde

turban

turban

burqa

burka

caftan

kaftan

abaya

abaya

maillot de bain

badedragt

maillot de bain

badebukser

short

korte bukser

tenue d'entraînement

træningsdragt

tablier

forklæde

gants

handsker

bouton

knap

lunettes

briller

bracelet

armbånd

collier

kæde

bague

ring

boucle d'oreille

ørering

bonnet

hue

cintre

bøjle

chapeau

hat

cravate

slips

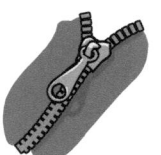

fermeture éclair

lynlås

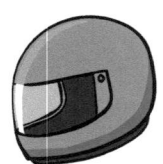

casque

hjelm

bretelles

seler

uniforme scolaire

skoleuniform

uniforme

uniform

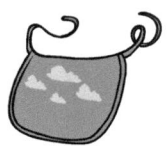

bavoir

hagesmæk

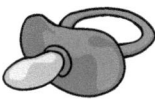

sucette

sut

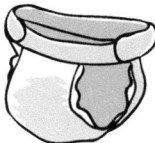

lange

ble

bureau
kontor

serveur
server
armoire d'archivage
arkivskab
papier
papir
imprimante
printer
écran
skærm
souris
mus
bureau
skrivebord
classeur
mappe
clavier
tastatur
corbeille à papier
papirkurv
ordinateur
computer
chaise
stol

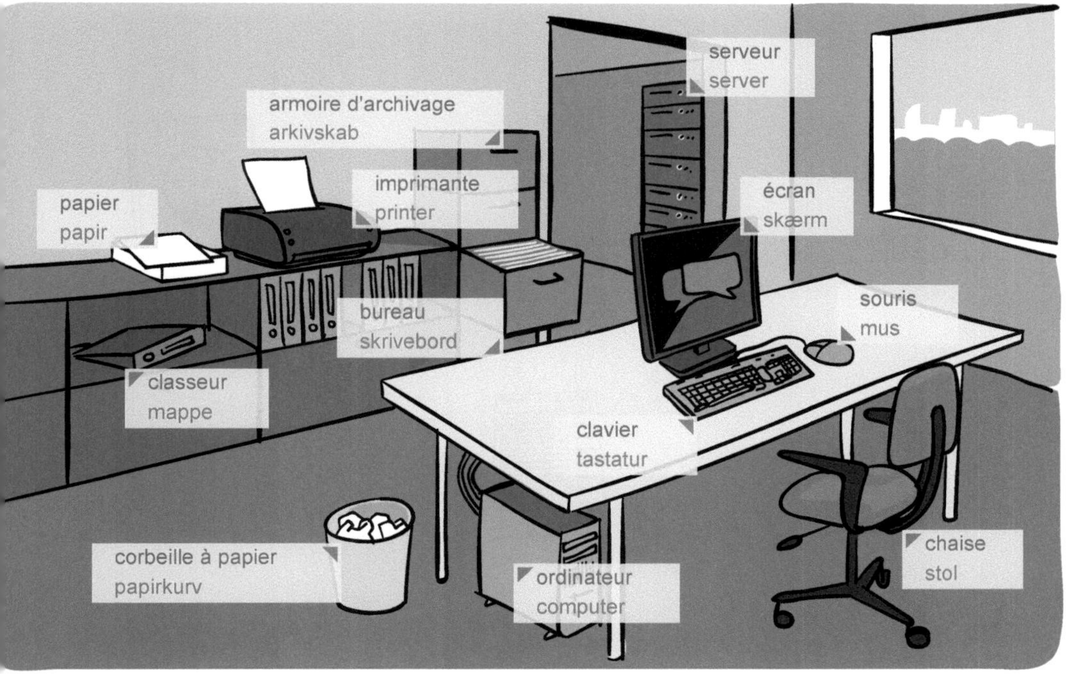

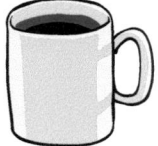

tasse de café

kaffekrus

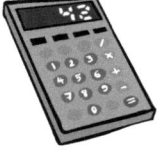

calculatrice

lommeregner

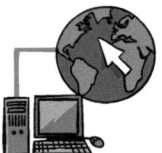

internet

internet

ordinateur portable

bærbar

lettre

brev

message

besked

portable

mobil

réseau

netværk

photocopieuse

kopimaskine

logiciel

software

téléphone

telefon

prise

stikdåse

fax

fax

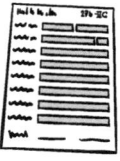

formulaire

formular

document

dokument

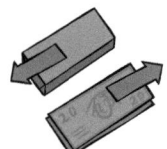

acheter
købe

payer
betale

faire du commerce
handle

monnaie
penge

USD

dollar
dollar

EUR

euro
euro

JPY

yen
yen

RUB

rouble
rubel

CHF

franc suisse
schweizerfranc

CNY

renminbi yuan
renminbi yuan

INR

roupie
rupee

distributeur automatique
hæveautomat

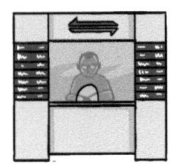

bureau de change

vekselkontor

or

guld

argent

sølv

pétrole

olie

énergie

energi

prix

pris

contrat

kontrakt

taxe

skat

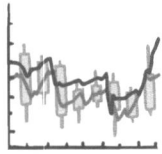

action

aktie

travailler

arbejde

employé

ansat

employeur

arbejdsgiver

usine

fabrik

magasin

butik

professions
erhverv

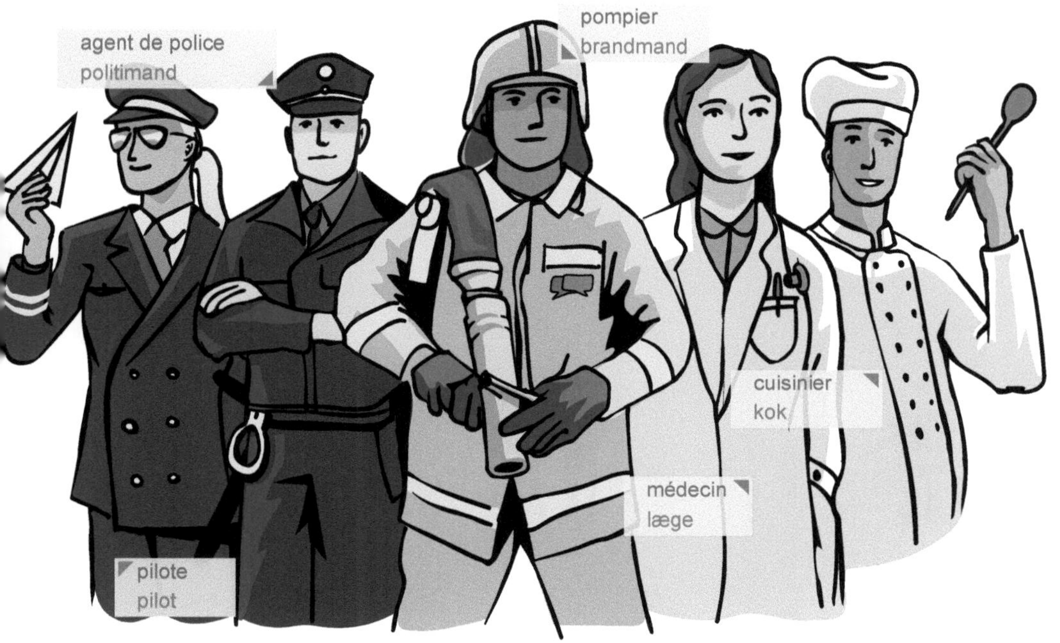
agent de police
politimand
pompier
brandmand
cuisinier
kok
médecin
læge
pilote
pilot

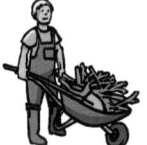

jardinier

gartner

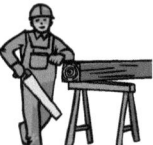

menuisier

tømrer

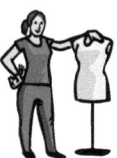

couturière

syerske

juge

dommer

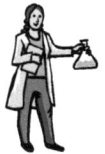

chimiste

kemiker

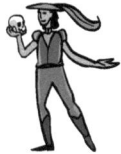

acteur

skuespiller

conducteur de bus

buschauffør

chauffeur de taxi

taxachauffør

pêcheur

fisker

femme de ménage

rengøringskone

couvreur

tagdækker

serveur

tjener

chasseur

jæger

peintre

maler

boulanger

bager

électricien

elektriker

ouvrier

bygningsarbejder

ingénieur

ingeniør

boucher

slagter

plombier

vvs-mand

facteur

postbud

soldat

soldat

architecte

arkitekt

caissier

kasserer

fleuriste

blomsterhandler

coiffeur

frisør

contrôleur

togfører

mécanicien

mekaniker

capitaine

kaptajn

dentiste

tandlæge

scientifique

videnskabsmand

rabbin

rabbiner

imam

imam

moine

munk

prêtre

præst

outils
værktøj

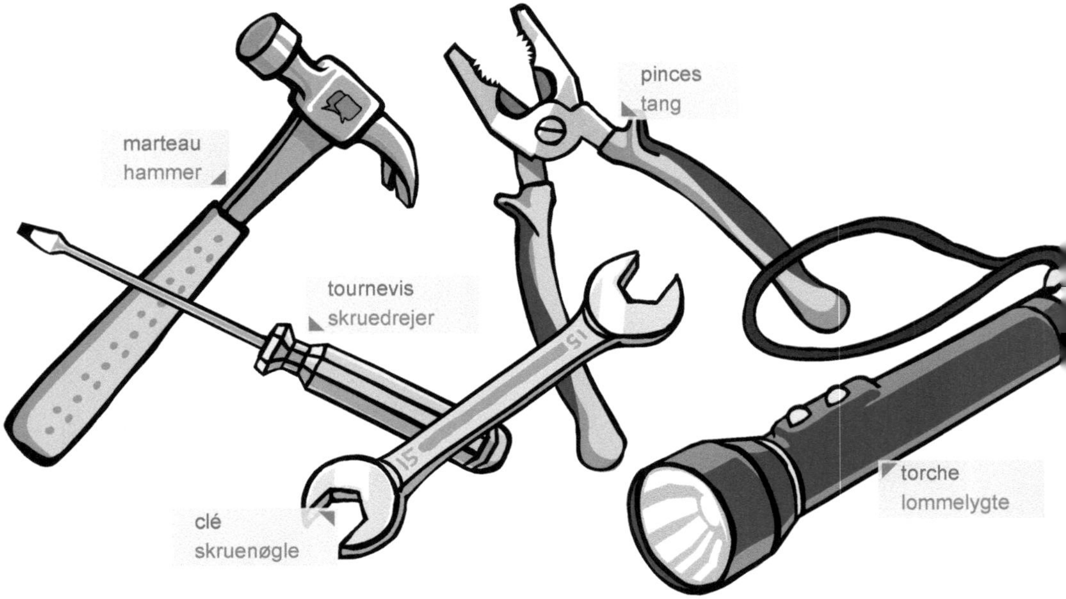

marteau
hammer
pinces
tang
tournevis
skruedrejer
clé
skruenøgle
torche
lommelygte

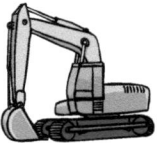

pelleteuse

gravemaskine

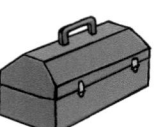

boîte à outils

værktøjskasse

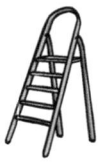

échelle

stige

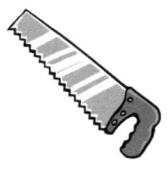

scie

sav

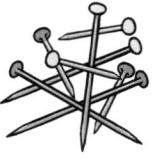

clous

søm

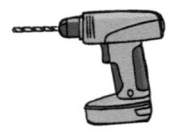

perceuse

bor

réparer

reparere

pelle

skovl

Mince !

Lort!

pelle

fejebakke

pot de peinture

malerspand

vis

skruer

instruments de musique
musikinstrumenter

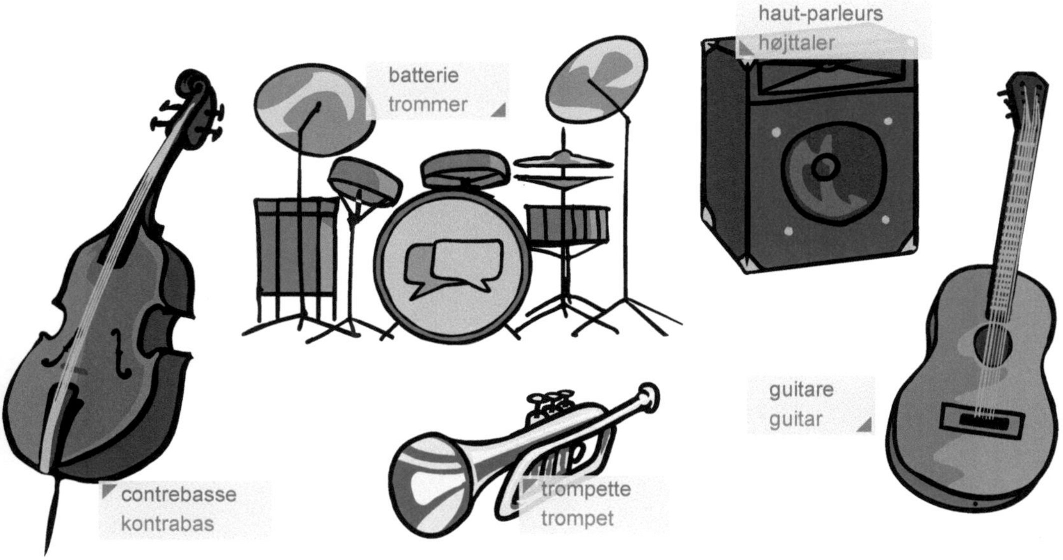

batterie
trommer

haut-parleurs
højttaler

guitare
guitar

contrebasse
kontrabas

trompette
trompet

piano

klaver

violon

violin

basse

bas

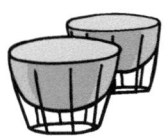

timbales

pauke

tambour

tromme

piano électrique

keyboard

saxophone

saxofon

flûte

fløjte

microphone

mikrofon

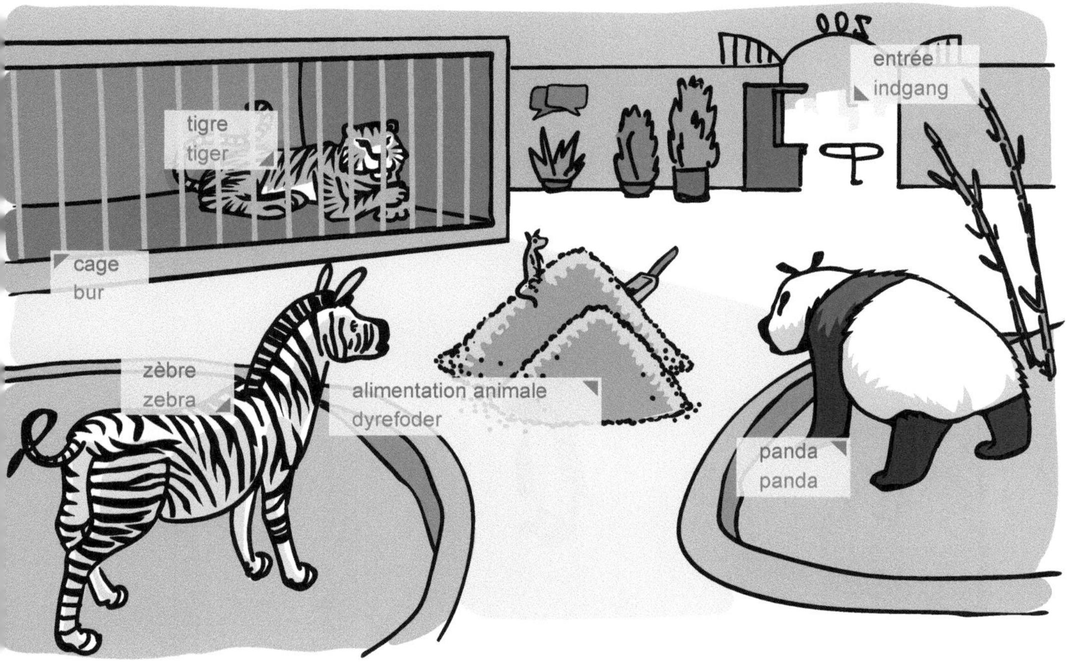

entrée
indgang

tigre
tiger

cage
bur

zèbre
zebra

alimentation animale
dyrefoder

panda
panda

animaux
dyr

éléphant
elefant

kangourou
kænguru

rhinocéros
næsehorn

gorille
gorilla

ours
bjørn

chameau

kamel

autruche

struds

lion

løve

singe

abe

flamand rose

flamingo

perroquet

papegøje

ours polaire

isbjørn

pingouin

pingvin

requin

haj

paon

påfugl

serpent

slange

crocodile

krokodille

gardien de zoo

dyrepasser

phoque

sæl

jaguar

jaguar

poney
pony

léopard
leopard

hippopotame
flodhest

girafe
giraf

aigle
ørn

sanglier
vildsvin

poisson
fisk

tortue
skildpadde

morse
hvalros

renard
ræv

gazelle
gazelle

american Football
amerikansk football

cyclisme
cykling

tennis
tennis

basket-ball
basketball

natation
svømning

boxe
boksning

hockey sur glace
ishockey

football
fodbold

badminton
badminton

athlétisme
atletik

handball
håndbold

ski
skiløb

polo
polo

activités
aktiviteter

sauter
springe
embrasser
give et knus
rire
grine
marcher
gå
chanter
synge
rêver
drømme
prier
bede
faire la bise
kysse

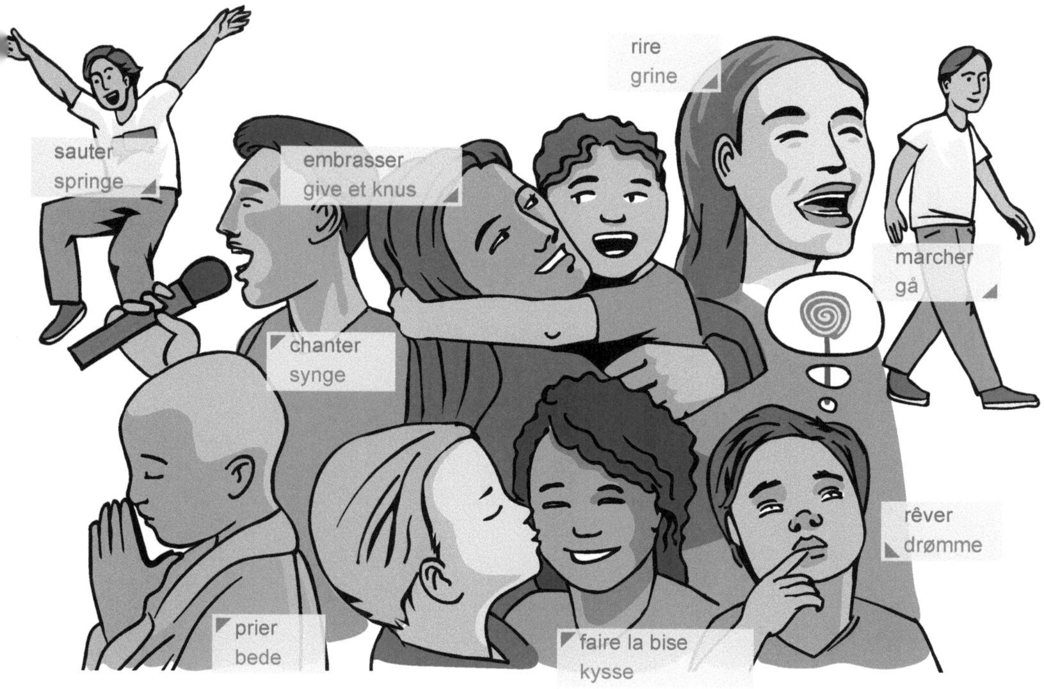

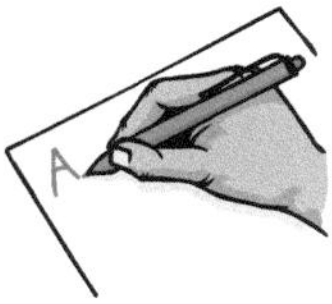

écrire

skrive

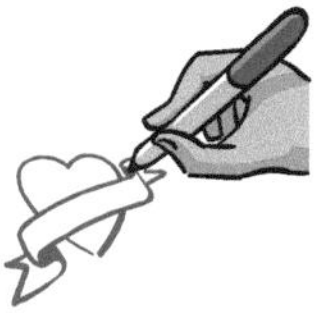

dessiner

tegne

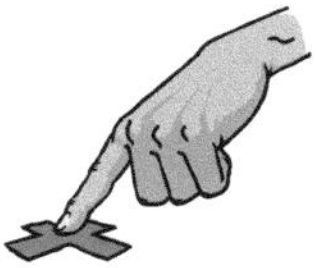

montrer

vise

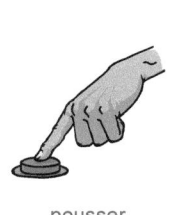

pousser

skubbe

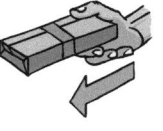

donner

give

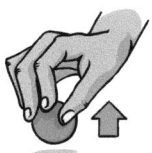

prendre

tage

avoir

have

faire

gøre

être

være

être debout

stå

courir

løbe

trier

trække

jeter

kaste

tomber

falde

être couché

ligge

attendre

vente

porter

bære

être assis

sidde

s'habiller

tage på

dormir

sove

se réveiller

vågne

regarder

se på

pleurer

græde

caresser

ae

peigner

kæmme

parler

tale

comprendre

forstå

demander

spørge

écouter

høre

boire

drikke

manger

spise

ranger

rydde op

aimer

elske

cuire

koge

conduire

køre

voler

flyve

faire de la voile
sejle

calculer
regne

lire
læse

apprendre
lære

travailler
arbejde

se marier
gifte sig med

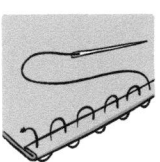

coudre
sy

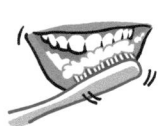

brosser les dents
børste tænder

tuer
dræbe

fumer
ryge

envoyer
sende

grand-mère
bedstemor

grand-père
bedstefar

père
far

mère
mor

bébé
baby

fille
datter

fils
søn

hôte

gæst

tante

tante

oncle

onkel

frère

bror

sœur

søster

corps
krop

front
pande
œil
øje
épaule
skulder
doigt
finger
visage
ansigt
menton
hage
main
hånd
jambe
ben
poitrine
bryst
bras
arm

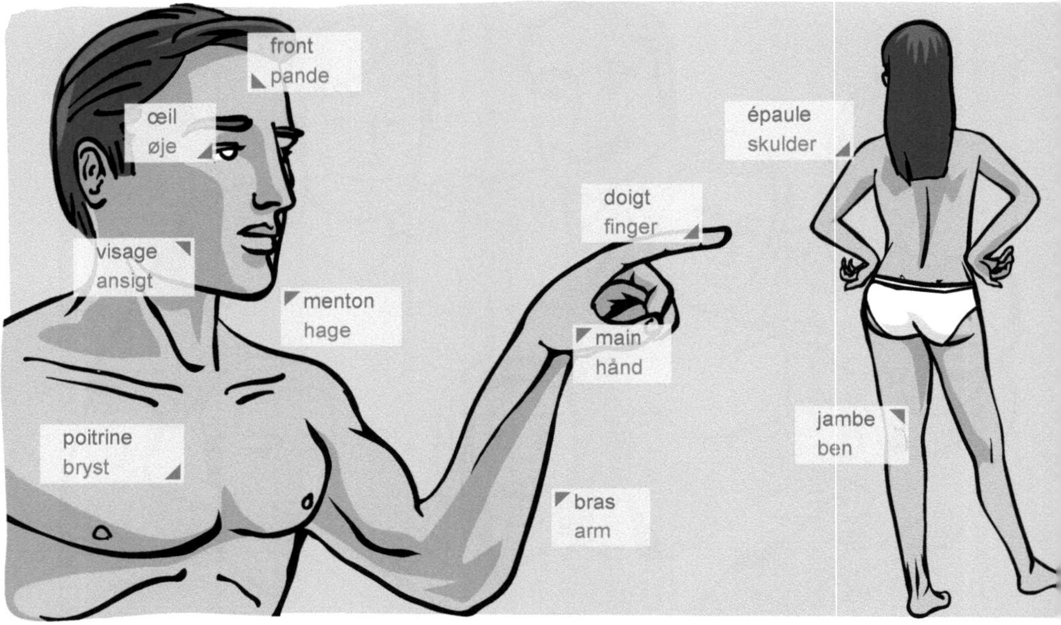

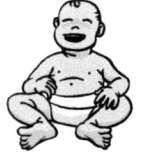

bébé

baby

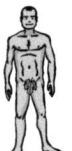

homme

mand

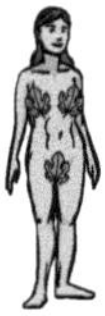

femme

kvinde

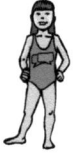

fille

pige

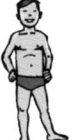

garçon

dreng

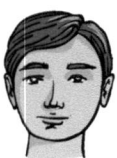

tête

hoved

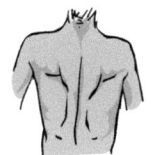

dos

ryg

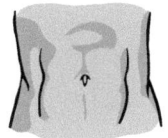

ventre

mave

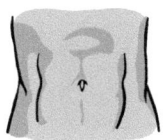

nombril

navle

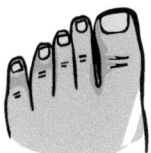

orteil

tå

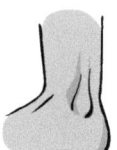

talon

hæl

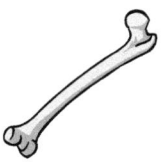

os

knogle

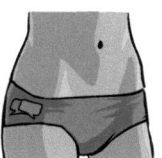

hanche

hofte

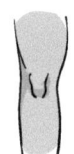

genou

knæ

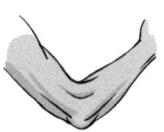

coude

albue

nez

næse

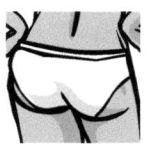

fesses

bagdel

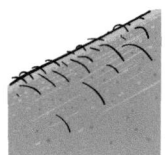

peau

hud

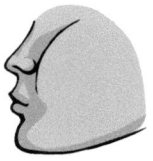

joue

kind

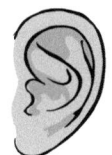

oreille

øre

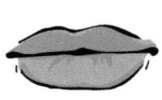

lèvre

læbe

bouche

mund

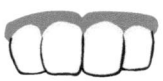

dent

tand

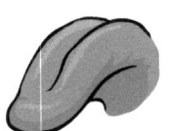

langue

tunge

cerveau

hjerne

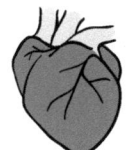

cœur

hjerte

muscle

muskel

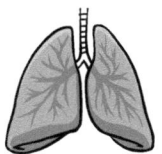

poumons

lunge

foie

lever

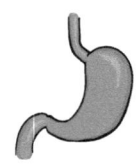

estomac

mavesæk

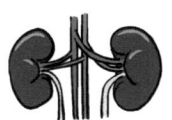

reins

nyrer

rapport sexuel

sex

préservatif

kondom

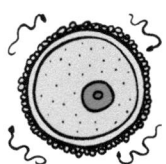

ovule

ægcelle

sperme

sperm

grossesse

svangerskab

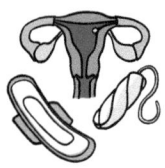

menstruation

menstruation

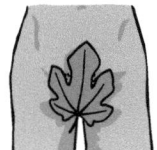

vagin

vagina

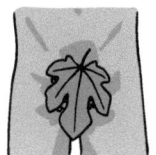

pénis

penis

sourcil

øjenbryn

cheveux

hår

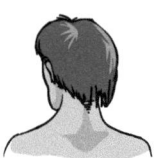

cou

hals

hôpital

sygehus

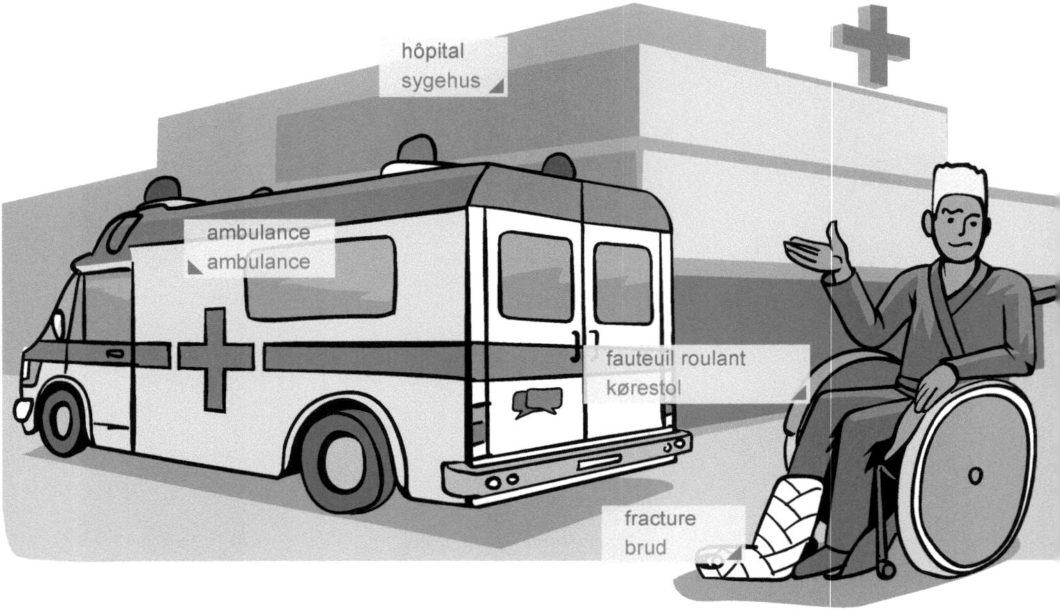

hôpital
sygehus
ambulance
ambulance
fauteuil roulant
kørestol
fracture
brud

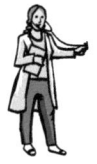

médecin

lække

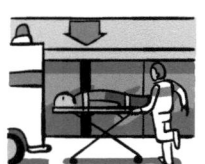

service des urgences

akutmodtagelse

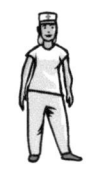

infirmière

sygeplejerske

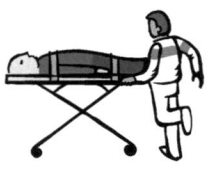

urgence

nødstilfælde

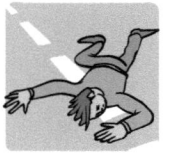

inconscient

bevidstløs

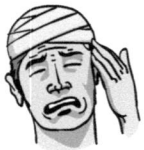

douleur

smerte

blessure

skade

hémorragie

blødning

crise cardiaque

hjerteinfarkt

attaque cérébrale

slagtilfælde

allergie

allergi

toux

hoste

fièvre

feber

grippe

influenza

diarrhée

diarré

mal de tête

hovedpine

cancer

kræft

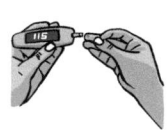

diabète

diabetes

chirurgien

kirurg

scalpel

skalpel

opération

operation

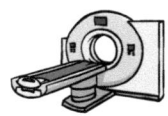

CT
CT

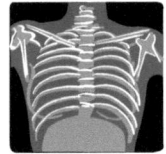

radiographie
røntgen

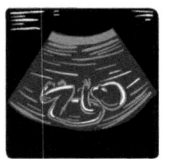

échographie
ultralyd

masque
maske

maladie
sygdom

salle d'attente
venteværelse

béquille
krykke

pansement
plaster

pansement
forbinding

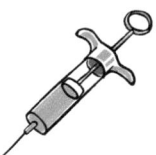

injection
injektion

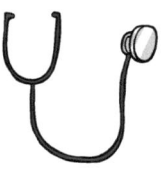

stéthoscope
stetoskop

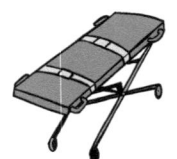

brancard
båre

thermomètre
termometer

accouchement
fødsel

surcharge pondérale
overvægt

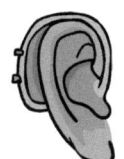

appareil auditif

høreapparat

désinfectant

desinficerende middel

infection

infektion

virus

virus

VIH / sida

HIV / AIDS

médicament

medicin

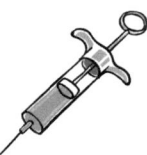

vaccination

vaccination

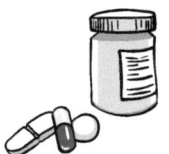

comprimés

tabletter

pilule

pille

appel d'urgence

nødopkald

tensiomètre

blodtryksmåler

malade / sain

syg / rask

Au secours !

Hjælp!

assaut

overfald

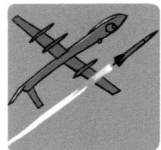

attaque

angreb

danger

fare

sortie de secours

nødudgang

Au feu!

Det brænder!

extincteur

ildslukker

accident

uheld

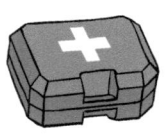

trousse de premier secours

førstehjælps-kuffert

SOS

SOS

police

politi

Europe

Europa

Amérique du Nord

Nordamerika

Amérique du Sud

Sydamerika

Afrique

Afrika

Asie

Asien

Australie

Australien

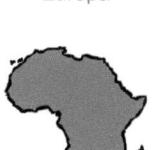

Océan atlantique

Atlanterhavet

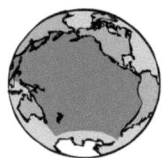

Océan pacifique

Stillehavet

Océan indien

Indiske Ocean

Océan antarctique

Sydlige Ishav

Océan arctique

Ishav

pôle nord

Nordpol

pôle sud

Sydpol

Antarctique

Antarktis

terre

Jorden

pays

land

mer

hav

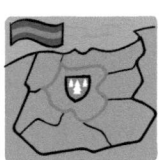

île

ø

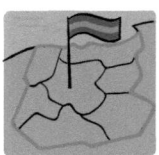

nation

nation

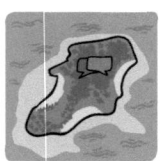

état

stat

cadran

urskive

aiguille des heures

timeviser

aiguille des minutes

minutviser

aiguille des secondes

sekundviser

Quelle heure est-il ?

Hvad er klokken?

jour

dag

temps

tid

maintenant

nu

montre digitale

digitalur

minute

minut

heure

time

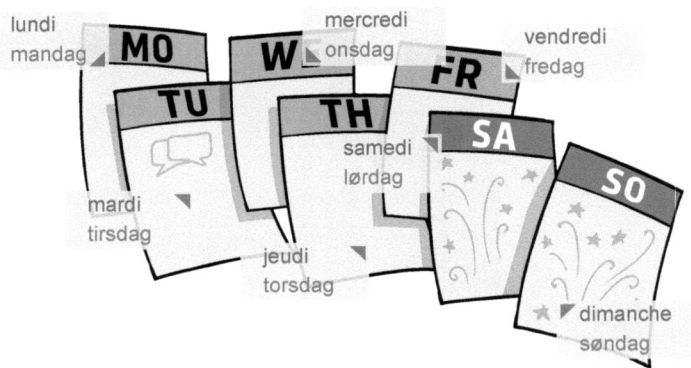

lundi
mandag

mercredi
onsdag

vendredi
fredag

mardi
tirsdag

samedi
lørdag

jeudi
torsdag

dimanche
søndag

hier

i går

aujourd'hui

i dag

demain

i morgen

matin

morgen

midi

middag

soir

aften

MO	TU	WE	TH	FR	SA	SU
1	2	3	4	5	6	7
8	9	10	11	12	13	14
15	16	17	18	19	20	21
22	23	24	25	26	27	28
29	30	31	1	2	3	4

jours ouvrables

arbejdsdage

MO	TU	WE	TH	FR	SA	SU
1	2	3	4	5	6	7
8	9	10	11	12	13	14
15	16	17	18	19	20	21
22	23	24	25	26	27	28
29	30	31	1	2	3	4

week-end

weekend

année
år

pluie
regn
arc-en-ciel
regnbue
neige
sne
vent
vind
printemps
forår
automne
efterår
été
sommer
hiver
vinter

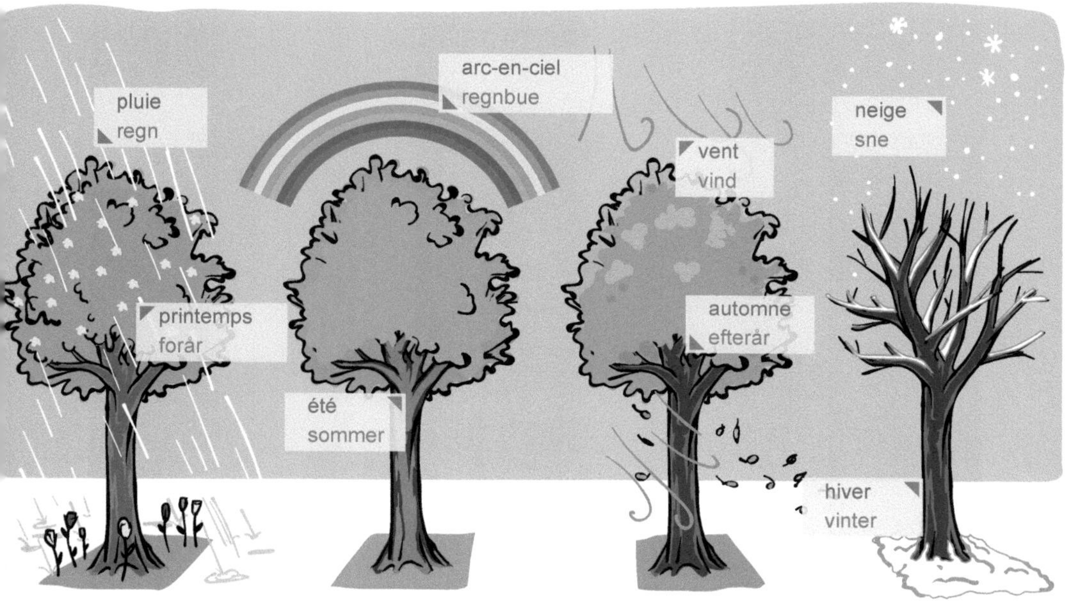

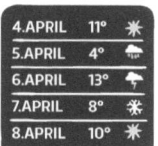

4.APRIL 11°
5.APRIL 4°
6.APRIL 13°
7.APRIL 8°
8.APRIL 10°

météo

vejrudsigt

F C
120 40
90 30
60 20
30 10
0 0
-30 -10
-20

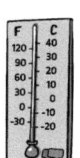

thermomètre

termometer

lumière du soleil

solskin

nuage

sky

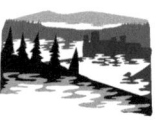

brouillard

tåge

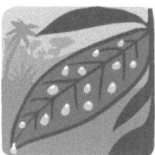

humidité

luftfugtighed

foudre

lyn

tonnerre

torden

tempête

storm

grêle

hagl

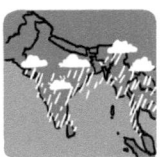

mousson

monsun

inondation

flod

glace

is

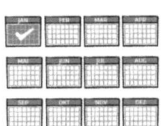

janvier

januar

février

februar

mars

marts

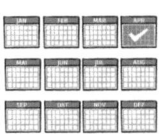

avril

april

mai

maj

juin

juni

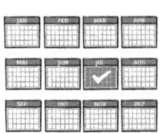

juillet

juli

août

august

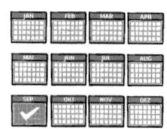

septembre
....
september

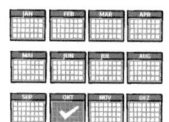

octobre
....
oktober

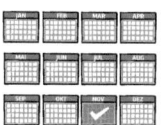

novembre
....
november

décembre
....
december

cercle
....
cirkel

carré
....
kvadrat

rectangle
....
firkant

triangle
....
trekant

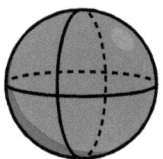

sphère
....
kugle

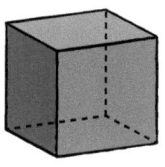

cube
....
terning

blanc

hvid

jaune

gul

orange

orange

rose

pink

rouge

rød

violet

lilla

bleu

blå

vert

grøn

marron

brun

gris

grå

noir

sort

beaucoup / peu

meget / lidt

fâché / calme

rasende / fredelig

joli / laid

smuk / grim

début / fin

begyndelse / slut

grand / petit

stor / lille

clair / obscure

lys / mørk

frère / soeur

bror / søster

propre / sale

ren / snavset

complet / incomplet

fuldkommen / ufuldkommen

jour / nuit

dag / nat

mort / vivant

død / levende

large / étroit

bred / smal

comestible / incomestible

spiselig / uspiselig

méchant / gentil

vred / venlig

excité / ennuyé

ophidset / kedet

gros / mince

tyk / tynd

premier / dernier

først / sidst

ami / ennemi

ven / fjende

plein / vide

fuld / tom

dur / souple

hård / blød

lourd / léger

tung / let

faim / soif

sult / tørst

malade / sain

syg / rask

illégal / légal

illegal / legal

intelligent / stupide

intelligent / dum

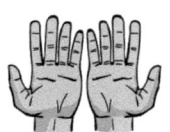

gauche / droite

venstre / højre

proche / loin

nær / fjern

nouveau / usé

ny / brugt

rien / quelque chose

intet / noget

vieux / jeune

gammel / ung

marche / arrêt

tændt / slukket

ouvert / fermé

åben / lukket

faible / fort

stille / højt

riche / pauvre

rig / fattig

correct / incorrect

rigtig / forkert

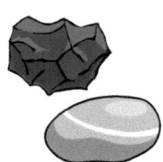

rugueux / lisse

ru / glat

triste / heureux

ked af det / lykkelig

court / long

kort / lang

lent / rapide

langsom / hurtig

mouillé / sec

våd / tør

chaud / froid

varm / kold

guerre / paix

krig / fred

oppositions - modsætninger

0

zéro

nul

1

un / une

en

2

deux

to

3

trois

tre

4

quatre

fire

5

cinq

fem

6

six

seks

7

sept

syv

8

huit

otte

9

neuf

ni

10

dix

ti

11

onze

elleve

12

douze

tolv

13

treize

tretten

14

quatorze

fjorten

15

quinze

femten

16

seize

seksten

17

dix-sept

sytten

18

dix-huit

atten

19

dix-neuf

nitten

20

vingt

tyve

100

cent

hundrede

1.000

mille

tusinde

1.000.000

million

million

anglais

engelsk

anglais américain

amerikansk engelsk

chinois mandarin

kinesisk mandarin

hindi

hindi

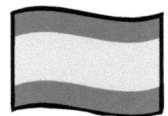

espagnol

spansk

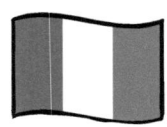

français

fransk

arabe

arabisk

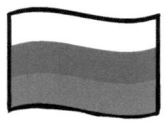

russe

russisk

portugais

portugisisk

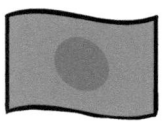

bengali

bengalsk

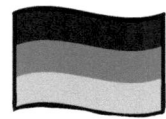

allemand

tysk

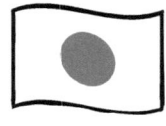

japonais

japansk

je

jeg

tu

du

il / elle / ce, c', cela

han / hun / den / det

nous

vi

vous

I

ils / elles

de

Qui ?

hvem?

Quoi ?

hvad?

Comment ?

hvordan?

Où ?

hvor?

Quand ?

hvornår?

nom

navn

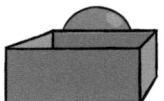

derrière

bag

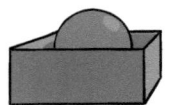

dans

i

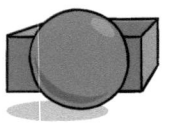

devant

foran

au-dessus

over

sur

på

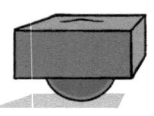

en-dessous

under

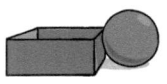

à côté de

ved siden af

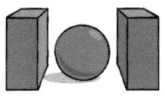

entre

imellem

lieu

sted